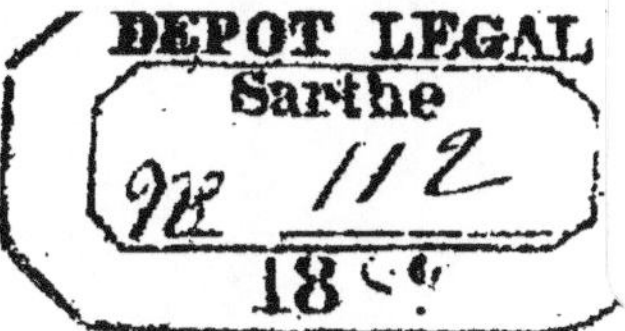

USAGES RURAUX

DU

3ᵉ CANTON DU MANS

COMPRENANT LES COMMUNES SUIVANTES

Aigné. — La Bazoge. — Challes. — Changé. — Chaufour.
Fay. — La Milesse. — Parigné-l'Évêque. — Ruaudin.
Savigné-l'Évêque. — Trangé. — Yvré-l'Évêque.

LE MANS

IMPRIMERIE ET LIBRAIRIE E. LEBRAULT

4, RUE AUVRAY, 4

1882

USAGES RURAUX

DU

3ᵉ CANTON DU MANS

COMPRENANT LES COMMUNES SUIVANTES

Aigné. — La Bazoge. — Challes. — Changé. — Chaufour. — Fay. — La Milesse. — Parigné-l'Évêque. — Ruaudin. — Savigné-l'Évêque. — Trangé. — Yvré-l'Évêque.

LE MANS

IMPRIMERIE ET LIBRAIRIE E. LEBRAULT

4, RUE AUVRAY, 4

1882

USAGES RURAUX

DU

3ᵉ CANTON DU MANS

Obligations du fermier sortant au 1ᵉʳ novembre.

Le fermier sortant au 1ᵉʳ novembre ensemence seul les gros blés et fournit la semence, soit 1 hectolitre par 44 ares.

Il fait la récolte de ces blés. Ce travail terminé, il prélève ses semences et partage ensuite le surplus des grains, par moitié, avec son successeur.

Le sortant doit engranger et mettre en meules les pailles provenant de la récolte.

Il doit laisser à son successeur toutes les pailles et tous les foins provenant de la récolte qui précède sa sortie, sauf 112 kilogrammes de foin et 225 kilogrammes de paille par chaque hectare ensemencé en gros blé, qu'il a droit de faire consommer sur place par ses bestiaux. Au surplus, il est difficile de fixer d'une manière précise la quantité de foin ou de paille que doit laisser le sortant à son successeur. Il doit user et non abuser de la paille et du foin et agir comme le ferait un bon père de famille.

La récolte du trèfle n'entre pas dans le compte des fourrages. Les fermiers peuvent les faire consommer soit en vert, soit en sec, suivant les besoins de leur exploitation, mais sans pouvoir les vendre ou les enlever.

Le fermier sortant au 1ᵉʳ novembre doit broyer, sur les lieux, les chanvres de la dernière récolte sans pouvoir enlever les aigrettes. S'il ne les broie pas sur les lieux, il doit ramener les aigrettes sur la ferme ou payer une indemnité.

Le fermier sortant au 1ᵉʳ novembre doit laisser à son successeur 500 choux verts ou cavaliers, plantés au printemps qui précède sa sortie, par chaque hectare de terre ensemencé en gros blé.

Le fermier sortant a droit à tous les fruits des arbres complantés sur la ferme. Il doit les enlever avant le 1ᵉʳ novembre.

Si, lors de sa sortie, les semailles n'étaient pas terminées, le fermier sortant le 1er novembre pourrait nourrir, avec les fourrages de la ferme, les chevaux qui y seraient employés.

Le fermier sortant au 1er novembre doit souffrir que son successeur sème de la graine de trèfle ou autres graines fourragères dans les orges ou avoines semées au printemps qui précède sa sortie. Il doit prévenir son successeur verbalement ou par écrit, du jour où il doit faire ses semailles.

Le nouveau fermier peut semer au moins 4 kilogrammes de trèfle dans 44 ares d'orge ou d'avoine.

Le fermier sortant, qui, ainsi que cela sera indiqué plus loin, peut ensemencer en potager la moitié de la cotaison de seconde herbe ou friche, savoir : un quart en chanvre et l'autre quart en pommes de terre, citrouilles, pois ou autres plantes légumineuses, a le droit de disposer de tous les fumiers se trouvant sur la ferme, au 15 mars qui précède sa sortie ; mais il ne peut les employer qu'à fumer les terres destinées aux céréales de l'automne et au chanvre. Il ne lui est jamais permis de se servir de ces fumiers pour la culture des pommes de terre, citrouilles et autres plantes potagères.

Obligations du fermier sortant au 1er mai.

Le fermier sortant au 1er mai sème les orges et avoines. Ce travail doit être terminé le 15 mai au plus tard.

Après le 1er mai, si ses semailles ne sont pas terminées, il peut nourrir ses chevaux avec les fourrages du lieu, mais en laissant intacte la quantité de foin et de paille qu'il doit remettre à son successeur.

Il doit laisser son successeur semer de la graine de trèfle dans les orges et avoines de l'année de sa sortie (4 kilogrammes par 44 ares).

Le sortant au 1er mai fait la récolte des orges et avoines par les mises en terre. Le battage fait, il prélève ses semences et partage le surplus des grains avec son successeur, par moitié.

Il engrange et met en meules les pailles provenant de sa récolte.

Il doit laisser au fermier qui lui succède 112 kilogrammes de foin et 225 kilogrammes de paille par hectare de terre ensemencée en gros blé, le surplus peut être par lui consommé sur le lieu, mais cependant sous la condition d'en user avec réserve et modération.

Il ne peut, à partir du 1er mars, envoyer paître aucun animal.

Toutes les friches restent à sa disposition jusqu'au jour de sa sortie ; cependant il doit laisser son successeur faire, dès le 1er décembre, dans la moitié de la cotaison de friche ou vieille herbe, les guérets préparatoires pour chanvre, pommes de terre, haricots, etc.

Il doit souffrir que le fermier entrant fasse, dans les prés, à partir du 1er mars, tous les travaux d'amélioration qu'il lui convient d'entreprendre.

Le fermier sortant, au 1er mai, plante, à l'automne qui précède sa sortie, les jeunes choux qui doivent être laissés à son successeur, soit 500 par chaque hectare de terre ensemencée en gros blé. Il n'est pas obligé de laisser de vieux choux à son successeur.

Il doit, avant sa sortie, c'est-à-dire du 15 mars au 15 avril, bêcher les choux qu'il laissera à son successeur.

Il est de principe qu'on ne peut ensemencer plus de deux céréales venant à maturité sur le même engrais.

EXCEPTIONS

CHALLES. — PARIGNÈ. — CHANGÉ. — RUAUDIN. — YVRÉ

Dans ces communes, au lieu d'orge et d'avoine, l'usage est d'ensemencer le seigle en retour. Les ensemencés d'orge et d'avoine étant faits ordinairement en 3, c'est l'entrant qui les sème et le sortant doit lui laisser préparer les terres à partir du 1er février.

Il serait à désirer que l'usage suivant s'établit : Le fermier sortant au 1er novembre sèmerait les gros blés et le retour (seigle). Le sortant du 1er mai sèmerait les orges et avoines. Ces récoltes seraient partagées avec le successeur.

Droits du fermier sortant soit au 1er mai, soit au 1er novembre.

Le nouveau fermier, lors de la récolte et du battage des grains, doit céder, s'il est possible, une portion des bâtiments à l'ancien fermier pour abriter les hommes et les animaux employés au travail de la moisson.

Ainsi qu'il a été dit ci-dessus, le fermier sortant prélève sur le produit de la récolte ses semences, soit 1 hectolitre par 44 ares de terre (froment, orge ou avoine).

Ce prélévement s'opère sur le monceau commun dès que les grains ont été nettoyés par le moulin.

En ce qui concerne les fourrages, la récolte en trèfle n'entre pas dans le compte des fourrages. Les fermiers peuvent les faire consommer soit en vert soit en sec, mais seulement sur les lieux. Ils doivent en user avec modération.

Les fermiers ont le droit de faire pâturer les trèfles de la 2e année et les regains ou seconde herbe jusqu'au 1er mars.

Quant aux jeunes trèfles, ils ne peuvent être pâturés.

Obligations communes au fermier sortant au 1ᵉʳ mai et au fermier sortant au 1ᵉʳ novembre.

Le fermier sortant ne peut empêcher le nouveau fermier d'arracher, s'il le veut, les mauvaises herbes qui naissent dans les blés ou dans les orges et avoines. Ce travail, qui doit être fait avec de grandes précautions, est permis dans les blés jusqu'au 15 mai et dans les orges et avoines jusqu'au 15 juin. Il est lui-même déchargé sur ce point de toute obligation.

Il fait la récolte et le battage des grains par lui serrés et les partage avec son successeur après prélèvement des semences.

C'est lui qui est tenu de mettre en barge toutes les pailles dans les lieux où elles le sont d'ordinaire.

Le partage de chaque espèce de grains doit se faire aussitôt après le battage. Les grains battus se déposent chaque soir dans la grange ou le hangar. Les deux fermiers peuvent y exercer toute surveillance.

La grange reste jusqu'au 1ᵉʳ septembre à la disposition de l'ancien fermier qui fait seulement la récolte des blés, et jusqu'au 15 septembre à la disposition de celui qui fait la récolte de tous les grains. Des délais plus longs pourraient être accordés si les travaux n'avaient pu être terminés par cas de force majeure.

Autrefois l'usage était de laisser des chaumes. Le chaume devait avoir le tiers de la hauteur de la paille. Maintenant on ne chaume plus, tous les blés doivent être fauchés.

Le fermier sortant doit laisser à son successeur dans la culture toutes les facilités désirables pour faire les travaux et réparations qu'il est indispensable de faire.

Il doit lui donner les logements nécessaires toutes les fois que les lieux le permettent. L'étendue de cette obligation est déterminée par la nature et l'importance des bâtiments dont le fermier peut disposer.

Congés des maisons d'habitation. Délais.

Le délai pour donner utilement congé d'une maison d'habitation est de 3 mois pour celles dont la location annuelle est de 50 francs et au-dessous, de 6 mois pour les locations dont le chiffre excède 50 francs.

S'il n'y a pas d'écrit, les baux des maisons sont censés faits pour un an.

Si à la fin de l'année le preneur reste, un nouveau bail verbal d'un an s'opère par tacite reconduction. Les parties ne peuvent donner congé qu'en se conformant aux délais ci-dessus établis et de manière que le bail d'un an soit exécuté. Ainsi, si on est entré en jouissance le 1ᵉʳ mai, on ne peut donner congé que pour le 1ᵉʳ mai de l'année suivante ou pour le 1ᵉʳ novembre si le bail a commencé le 1ᵉʳ novembre.

Assolement.

Le mode d'assolement est en général quadriennal dans les fermes et bordages dépassant une étendue de 3 hectares 50 ares (8 journaux), et triennal au-dessous de cette contenance jusqu'à 1 hectare.

Au-dessous de 1 hectare il n'y a plus d'assolement régulier. La culture alterne est généralement admise.

A Parigné on tolère l'assolement quinquennal. Il est regardé comme indispensable dans certains terrains maigres.

Étendue qu'un fermier peut ensemencer au printemps.

Dans la culture quadriennale le fermier peut ensemencer en potager la moitié de la cotaison de friche ou seconde herbe, savoir : 1/4 en chanvre (que le fermier a droit de fumer) et l'autre quart en pommes de terre, citrouilles, pois, etc., que le fermier ne peut fumer en aucun cas avec les engrais produits sur les lieux.

Dans la culture par tiers on permet au fermier d'ensemencer la cotaison d'herbe, moitié en potager et l'autre moitié en chanvre.

Ensemencement des retours.

Dans la culture ordinaire les orges et avoines dites retours s'ensemencent après le gros blés.

Dans les communes dont le sol est maigre comme à Parigné, Challes, Changé, Ruaudin, et partie d'Yvré, les retours s'ensemencent en gros blé par la raison que le terrain ne produit presque pas d'orge et peu d'avoine.

Pour l'ensemencement des retours on fait au cours de l'hiver un labour préparatoire connu vulgairement sous le nom d'*enjoler*.

Le fermier ne peut fumer les retours avec les engrais produits sur la ferme ; tous les engrais doivent être employés à l'ensemencé des gros blés, du chanvre et du jardin de la ferme.

Parcours. — Vaine pâture.

Il n'y a pas dans le 3ᵉ canton du Mans de vaine pâture ou de droit de parcours.

Curage des cours d'eau.

Les cours d'eau se curent d'après des arrêtés spéciaux de l'autorité administrative. Ce travail est à la charge des fermiers et les boues en provenant sont considérées comme engrais.

Cette obligation est la même pour le curage des mares et des fossés.

Clôtures. — Haies mutuelles. — Talus. — Fossés. — Arbres mitoyens. — Barrières.

Les clôtures ordinaires sont des haies ou fossés, des haies sous fossés ou talus et des haies plates mutuelles.

Les haies des champs réputées mitoyennes (haies plates) doivent avoir 2^m 33^c de largeur, soit 1^m 16^c 1/2 de chaque côté à partir des marmenteaux qui forment le cœur de la haie.

Les arbres complantés près de ces haies sont mitoyens s'ils ne sont placés à plus de 1^m 16^c 1/2 du cœur de la haie.

Pour reconnaître si un arbre fait partie de la haie on mesure la distance du milieu des marmenteaux, 16^c 1/2 au-dessus du sol, au tronc de l'arbre, en observant que les branches et toutes excroissances qui existent sur le tronc de l'arbre ne peuvent donner accès à la mitoyenneté.

Les haies des jardins n'ont ordinairement que 50 centimètres de largeur.

Les fossés ont ordinairement au niveau du sol une largeur de 1 mètre qui se réduit au fond du fossé à 33 ou 40 centimètres. La profondeur varie de 50 à 60 centimètres.

Il doit exister entre le bord du fossé et l'héritage du voisin un relis ou franc-bord de 16 centimètres qui ne peut être soumis à la culture.

Celui à qui appartient un talus sans fossé est réputé avoir laissé une distance de 22 centimètres entre son talus et la propriété voisine, afin de pouvoir relever les terres qui s'échappent du talus. Il ne peut creuser le terrain ; il ne doit que relever les terres qui sont tombées.

Il est permis au voisin de clore l'entrée d'un fossé établissant une communication entre sa propriété et celle de son voisin. Cette clôture se fait avec des branches sèches ou des épines sèches et de manière à ne pas empêcher l'écoulement des eaux.

Les fermiers doivent entretenir de clôtures les entrées des pièces de terre ou prés au moyen de petites barrières en bois brut clissées d'épines.

Plantations d'arbres. — Distances.

Les distances qui doivent séparer les arbres à haute tige et les haies vives de l'héritage voisin, sont celles qui sont déterminées par l'article 671 du Code civil, soit 2 mètres pour les arbres à haute tige et 50 centimètres pour les autres arbres et les haies vives.

Le mesurage se fait à partir de l'écorce de l'arbre et non du cœur.

Ouvrages intermédiaires prescrits par l'article 674 du Code civil.

Quiconque veut établir des fosses d'aisances, des fosses à fumier ou des amas de matières corrosives près d'un mur mitoyen ou non, doit établir un contre-mur de 33 centimètres d'épaisseur.

Pour une forge ou un fourneau on doit, indépendamment du contre-mur de 33 centimètres, laisser à partir du mur voisin un espace vide de 15 à 16 centimètres.

S'il s'agit d'un puits il n'y a pas de distance à observer, seulement on doit prendre les précautions nécessaires pour préserver le mur et, en cas d'accident, celui qui l'a occasionné devient passible de dommages-intérêts.

Lorsque le mur est mitoyen, on peut y adosser une cheminée ou une étable, mais s'il ne l'est pas, celui qui n'y a aucun droit, est obligé, pour faire ces travaux, d'en acquérir la mitoyenneté ou d'établir un contre-mur de 33 centimètres.

Droits de passage, de tour d'échelle.

Le sentier conduisant à une fontaine, à un puits, à un lavoir, à un jardin est ordinairement d'un mètre de largeur.

Le passage pour charrettes et voitures est de 3 mètres en ligne droite avec extension dans les détours pour permettre à un attelage de se développer.

Le passage pour bestiaux menés à la corde ou bêtes de somme, est de 2 mètres.

La largeur du tour d'échelle est de 1 mètre à partir du pied du mur.

Droit de four. — Droit de puits.

Ceux qui ont un droit de four ne peuvent disposer du four grevé de servitude que depuis le lever jusqu'au coucher du soleil.

Les cendres faites par celui qui a un droit de four lui appartiennent. Il doit les enlever immédiatement après la cuisson du pain.

La chaîne et les mains de fer du puits sont entretenues par le fermier et fournies par le propriétaire.

Celui qui a droit de puisage d'eau à un puits doit contribuer à l'achat de la corde, de la chaîne et du sceau.

Mesures.

La charretée de paille ou de foin est de 1.100 kilogrammes.
Le journal est de 44 ares.
L'arpent de vigne de 50 ares.
L'hommée de pré est de 33 ares.
La toise de fumier est de 8 mètres cubes.
La charretée de bois est de 3 stères.

Bois taillables.

Les bois taillables sur les haies et chaintres se coupent dans la culture quadriennale à l'âge de 8 ans. Cet abat doit se faire dans la cotaison de deuxième herbe ou friche.

Dans la culture par tiers le bois se coupe tous les 6 ans.

Dans les taillis le bois se coupe à 9 ans.

Dans les vignes, à 3 ans.

A Parigné, Savigné, Yvré, si le bail est de 9 ans, le bois se taille à l'âge de 9 ans, s'il est de 6 ans à 6 ans, de manière que le fermier jouisse une fois du bois dans le cours de son bail.

Les fermiers doivent réparer les fossés et talus au fur et à mesure des coupes.

S'il se rencontre des haies plates et mutuelles entre deux propriétés, les fermiers sont également tenus de les tailler à l'âge de 8 ans sur les champs et les prés, et à l'âge de 9 ans sur les taillis.

Il est interdit au fermier de convertir des baliveaux en souches et de détruire les haies.

Plantations d'arbres.

Les fermiers doivent bêcher et garantir de l'approche des bestiaux les arbres fruitiers, surtout les jeunes plants et dégager ces arbres des rejetons nommés gourmands ou pétériaux.

Plantations de choux.

Le fermier sortant au 1er novembre laisse à son successeur 500 choux verts plantés au printemps qui précède sa sortie par chaque hectare de terre ensemencé en gros blé.

Le fermier sortant au 1er mai laisse à son successeur 500 choux verts plantés à l'automne qui précède sa sortie par hectare de terre ensemencé en gros blé.

Sapinières.

Les sapinières s'éclaircissent ordinairement pour la première fois lorsqu'elles ont atteint 6 ans. Elles s'éclaircissent ensuite tous les 3 ans jusqu'à ce qu'il y ait entre les sapins un espace de 1 mètre environ.

Lors du premier éclaircissement on laisse entre les sapins un espace de 33 centimètres, de 66 centimètres au second ; de cette manière on arrive à 1 mètre de distance pour le troisième éclaircissement.

Les sapins s'émondent tous les 4 ans à partir de l'âge de 12 ans, jusque-là ils sont émondés lorsque se font les éclaircissements.

On doit toujours en les émondant laisser 3 couronnes et le bouquet.

Dans les sapinières ou dans les landes les bruyères se coupent à la volonté du fermier ; elles doivent être converties en engrais.

IRRIGATIONS

—

ARRÊTÉ PRÉFECTORAL DU 15 FRUCTIDOR AN XIII

—

Extrait des registres des arrêtés du département de la Sarthe.

Le Colonel, préfet du département de la Sarthe et membre de la Légion d'honneur,

Vu les plaintes qui lui ont été adressées par plusieurs propriétaires et fermiers de moulins et usines établis sur des ruisseaux ou petites rivières contre les abus qui se sont introduits dans les irrigations des prairies ;

Lecture prise de l'ordonnance de 1669 ainsi que les articles 644 et 645 du Code civil ;

Considérant que s'il est de l'intérêt public d'empêcher les déperditions des eaux destinées à faire mouvoir les moulins et usines, il importe également d'assurer aux propriétaires le droit qu'ils tiennent de la nature, de faire usage de l'eau qui coule sur leurs propriétés ;

Que l'exercice de ce droit, antérieur à l'établissement des moulins et autres ouvrages d'art, doit cependant être subordonné au bien général de la société ;

Qu'il est nécessaire d'établir à cet égard un règlement uniforme et invariable, afin de prévenir les contestations qui s'élèvent pendant la saison où la disette d'eau rend plus pressant le besoin de l'irrigation pour les prairies et expose les moulins et usines à suspendre leur service ordinaire,

ARRÊTE :

ARTICLE PREMIER. — Les prises d'eau pour l'irrigation se font dans ce département, sur les ruisseaux et petites rivières qui ne sont point navigables, ni flottables, une fois par semaine seulement, depuis sept heures du soir jusqu'au surlendemain trois heures du matin.

ART. 2. — Les prises d'eau ne pourront avoir lieu que depuis le 1ᵉʳ germinal (1ᵉʳ mars) jusqu'au 1ᵉʳ messidor (1ᵉʳ juin) et depuis le 1ᵉʳ thermidor (1ᵉʳ juillet) jusqu'au 1ᵉʳ vendémiaire (1ᵉʳ septembre) de chaque année.

ART. 3. — Tout propriétaire qui aura usé de l'eau conformément aux dispositions ci-dessus, sera obligé de la faire rentrer dans son lit ordinaire à la sortie de la propriété, de manière que l'excédent de ce qui aura servi à l'irrigation puisse toujours se rendre au moulin ou à l'usine placée au-dessous.

ART. 4. — Les maires surveilleront l'exécution de ces dispositions ; ils nommeront à cet effet, parmi les propriétaires ou fermiers riverains, des commissaires qui seront chargés de constater les contraventions par procés-verbal qu'ils remettront á l'adjoint ; celui-ci poursuivra d'office les contrevenants devant l'autorité judiciaire pour être punis suivant les lois et réglements de police concernant la matière.

Art. 5. — Les commissaires nommés en vertu de l'article précédent, ne pourront exercer leurs fonctions qu'après avoir prêté serment devant le juge de paix du canton.

Art. 6. — Le présent arrêté ne sera exécutoire qu'après avoir reçu l'approbation de Son Excellence le Ministre de l'Intérieur.

Donné en Préfecture, le 15 fructidor an XIII.

Signé : Auvray.

Le Colonel, Préfet du département de la Sarthe : Vu l'approbation donnée par Son Excellence le Ministre de l'Intérieur, le 12 du courant, á l'arrêté ci-dessus :

Ordonne qu'il soit imprimé et publié dans toutes les communes et qu'il en soit adressé des exemplaires à tous les tribunaux du département.

Donné à l'Hôtel de la Préfecture, le 25 vendémiaire an XIV.

Signé : Auvray.

———

Loi des 28 avril-1ᵉʳ mai 1845.

Article Premier. — Tout propriétaire qui voudra se servir pour l'irrigation de ses propriétés, des eaux naturelles ou artificielles dont il a le droit de disposer, pourra obtenir le passage de ces eaux sur les fonds intermédiaires, á la charge d'une juste et préalable indemnité.

Sont exceptés de cette servitude, les maisons, cours, jardins, parcs et enclos attenants aux habitations.

Art. 2. — Les propriétaires des fonds inférieurs devront recevoir les eaux qui s'écoulent des terrains ainsi arrosés, sauf l'indemnité qui pourra leur être due.

Seront également exceptés de cette servitude les maisons, cours, jardins, parcs et enclos attenants aux habitations.

Art. 3. — La même faculté de passage sur les fonds intermédiaires pourra être accordée au propriétaire d'un terrain submergé en tout ou en partie, à l'effet de procurer aux eaux nuisibles leur écoulement.

Art. 4. — Les contestations auxquelles pourront donner lieu l'établissement de la servitude, la fixation du parcours de la conduite d'eau, de ses dimensions et de sa forme, et les indemnités dues soit au propriétaire du fonds traversé, soit à celui du fonds qui recevra l'écoulement des eaux, seront portées devant les tribunaux qui, en prononçant, devront concilier l'intérêt de l'opération avec le respect dû à la propriété.

Il sera procédé devant les tribunaux, comme en matière sommaire, et, s'il y a lieu à expertise, il pourra n'être nommé qu'un seul expert.

Art. 5. — Il n'est aucunement dérogé par les présentes dispositions aux lois qui règlent la police des eaux.

Loi des 11-15 juillet 1847 sur les irrigations.

Article Premier. — Tout propriétaire qui voudra se servir, pour l'irrigation de ses propriétés, des eaux naturelles ou artificielles dont il a le droit de disposer, pourra obtenir la faculté d'appuyer sur la propriété du riverain opposé les ouvrages d'art nécessaires à sa prise d'eau, à la charge d'une juste et préalable indemnité.

Sont exceptés de cette servitude les bâtiments, cours et jardins attenants à des habitations.

Art. 2. — Le riverain sur le fonds duquel l'appui sera réclamé, pourra toujours demander l'usage commun du barrage, en contribuant pour moitié aux frais d'établissement et d'entretien ; aucune indemnité ne sera respectivement due dans ce cas, et celle qui aura été payée devra être rendue.

Lorsque cet usage commun ne sera réclamé qu'après le commencement ou la confection des travaux, celui qui le demandera devra supporter seul l'excédent de dépense auquel donneront lieu les changements à faire au barrage pour le rendre propre à l'irrigation des deux rives.

Art. 3. — Les contestations auxquelles pourra donner lieu l'application des deux articles ci dessus seront portés devant les tribunaux.

Il sera procédé comme en matière sommaire, et s'il y a lieu à expertise, le tribunal ne pourra nommer qu'un seul expert.

Art. 4. — Il n'est aucunement dérogé par les présentes dispositions aux lois qui règlent la police des eaux.

Loi des 10-15 juin 1854 sur le libre écoulement des eaux provenant du drainage et le dessèchement des marais.

Article Premier. — Tout propriétaire qui veut assainir son fonds par le drainage, ou un autre mode d'assèchement, peut, moyennant une juste et préalable indemnité, en conduire les eaux, souterrainement ou à ciel ouvert, à travers les propriétés qui séparent ce fonds d'un cours d'eau ou de toute autre voie d'écoulement.

Sont exceptés de cette servitude les maisons, cours, jardins, parcs et enclos attenants aux habitations.

Art. 2. — Les propriétaires de fonds voisins ou traversés, ont la faculté de se servir des travaux faits, en vertu de l'article précédent, pour l'écoulement des eaux de leurs fonds.

Ils supportent dans ce cas : 1° une part proportionnelle dans la valeur des travaux dont ils profitent ; 2° les dépenses résultant des modifications que l'exercice de cette faculté peut rendre nécessaires, et 3°, pour l'avenir, une part contributive dans l'entretien des travaux devenus communs.

Art. 3. — Les associations de propriétaires qui veulent, au moyen de travaux d'ensemble, assainir leurs héritages par le drainage ou tout autre mode d'assèchement, jouissent des droits et supportent les obligations qui résultent des articles précédents ; ces associations peuvent, sur leur demande, être constituées par arrêtés préfectoraux, en syndicats, auxquels sont applicables les articles 3 et 4 de la loi du 14 floréal an XI.

Art. 4. — Les travaux que voudraient exécuter les associations syndicales, les communes ou les départements, pour faciliter le drainage ou tout outre mode d'assèchement, peuvent être déclarés d'utilité publique par décret rendu au Conseil d'Etat.

Les réglements des indemnités dues pour expropriation sont faits conformément au paragraphe 2 et suivants de l'article 16 de la loi du 21 mai 1836.

Art. 5. — Les contestations auxquelles peuvent donner lieu l'établissement et l'exercice de la servitude, la fixation du parcours des eaux, l'exécution des travaux de drainage ou d'assèchement, les indemnités et les frais d'entretien, sont portées en premier ressort, devant le juge de paix du canton, qui, en prononçant, doit concilier les intérêts de l'opération avec le respect dû à la propriété.

S'il y a lieu à expertise, il pourra n'être nommé qu'un seul expert.

Art. 6. — La destruction totale ou partielle des conduits d'eau aux fossés évacuateurs est punie des peines portées à l'article 456 du Code pénal.

Tout obstacle apporté volontairement au libre écoulement des eaux est puni des peines portées par l'article 457 du même Code.

L'article 463 du Code pénal peut être appliqué.

Art. 7. — Il n'est aucunement dérogé aux lois qui règlent la police des eaux.

CODE RURAL

—

Loi du 20 août 1881.

Clôtures. — Arbres. — Fossés. — Enclave. — Modification de divers articles du Code civil.

ARTICLE UNIQUE. — Sont modifiés ainsi qu'il suit les articles 666, 667, 668, 669, 670, 671, 672, 673, 682, 683, 684 et 685 du Code civil.

ART. 666. — Toute clôture qui sépare des héritages est réputée mitoyenne, à moins qu'il n'y ait qu'un seul des héritages en état de clôture, ou s'il y a titre, prescription ou marque contraire.

Pour les fossés, il y a marque de non-mitoyenneté, lorsque la levée ou le rejet de la terre se trouve d'un côté seulement du fossé. Le fossé est censé appartenir exclusivement à celui du côté duquel le rejet se trouve.

ART. 667. — La clôture mitoyenne doit être entretenue à frais communs; mais le voisin peut se soustraire à cette obligation en renonçant à la mitoyenneté. Cette faculté cesse si le fossé sert à l'écoulement des eaux.

ART. 668. — Le voisin dont l'héritage joint un fossé ou une haie non mitoyens, ne peut contraindre le propriétaire de ce fossé ou de cette haie à lui céder la mitoyenneté.

Le copropriétaire d'une haie mitoyenne peut la détruire jusqu'à la limite de sa propriété, à la charge de construire un mur sur cette limite. La même règle est applicable au copropriétaire d'un fossé mitoyen qui ne sert qu'à la clôture.

ART. 669. — Tant que dure la mitoyenneté de la haie, les produits en appartiennent aux propriétaires par moitié.

ART. 670. — Les arbres qui se trouvent dans la haie mitoyenne sont mitoyens comme la haie. Les arbres plantés sur la ligne séparative de deux héritages sont aussi reputés mitoyens. Lorsqu'ils meurent ou lorsqu'ils sont coupés ou arrachés, les arbres sont partagés par moitié. Les fruits sont recueillis à frais communs et partagés aussi par moitié, soit qu'ils tombent naturellement, soit que la chute en ait été provoquée, soit qu'ils aient été cueillis.

Chaque propriétaire a le droit d'exiger que les arbres mitoyens soient arrachés.

ART. 671. — Il n'est permis d'avoir des arbres, arbrisseaux et arbustes près de la limite de la propriété voisine qu'à la distance prescrite par les réglements particuliers actuellement existants, ou par des usages constants et reconnus, et, à défaut de règlements et usages, qu'à la distance de 2 mètres de la ligne séparative des deux héritages pour les plantations dont la hauteur dépasse 2 mètres et à la distance d'un demi-mètre pour les autres plantations.

Les arbres, arbustes et arbrisseaux de toutes espéces peuvent être plantés en espaliers, de chaque côté du mur séparatif, sans que l'on soit tenu d'observer aucune distance, ils ne pourront dépasser la crête du mur. Si le mur n'est pas mitoyen, le propriétaire seul a droit d'y appuyer ses espaliers.

Art. 672. — Le voisin peut exiger que les arbres, arbrisseaux et arbustes, plantés à une distance moindre que la distance légale, soient arrachés ou réduits à la hauteur déterminée dans l'article précédent, à moins qu'il n'y ait titre, destination du père de famille ou prescription trentenaire. Si les arbres meurent, ou s'ils sont coupés ou arrachés, le voisin ne peut les remplacer qu'en observant les distances voulues par la loi.

Art. 673. — Celui sur la propriété duquel avancent les branches des arbres du voisin peut contraindre celui-ci à les couper. Les fruits tombés naturellement de ces branches lui appartiennent. Si ce sont les racines qui avancent sur son héritage, il a droit de les y couper lui-même. Le droit de couper les racines ou de faire couper les branches est imprescriptible.

Art. 682. — Le propriétaire dont les fonds sont enclavés et qui n'a sur la voie publique aucune issue, ou qu'une issue insuffisante pour l'exploitation, soit agricole, soit industrielle de sa propriété, peut réclamer un passage sur les fonds de ses voisine, à la charge d'une indemnité proportionnée au dommage qu'il peut occasionner.

Art. 683. — Le passage doit régulièrement être pris du côté où le trajet est le plus court du fonds enclavé à la voie publique. Néanmoins, il doit être fixé dans l'endroit le moins dommageable à celui sur le fonds duquel il est accordé.

Art. 684. — Si l'enclave résulte de la division d'un fonds par suite d'une vente, d'un échange, d'un partage ou de tout autre contrat, le passage ne peut être demandé que sur les terrains qui ont fait l'objet de ces actes. Toutefois, dans le cas où un passage suffisant ne pourrait être établi sur les fonds divisés, l'article 682 serait applicable.

Art. 685. — L'assiette et le mode de servitude de ce passage pour cause d'enclave sont déterminés par trente ans d'usage continu. L'action en indemnité, dans le cas prévu par l'article 682, est prescriptible, et le passage peut être continué, quoique l'action en indemnité ne soit plus recevable.

La présente loi, délibérée et adoptée par le Sénat et par la Chambre des députés, sera exécutoire comme loi de l'Etat.

Fait à Mont-sous-Vaudrey, le 20 août 1881.

Signé: Jules Grévy.

LE MANS. — IMPRIMERIE ET LEBRAULT, RUE AUVRAY.

PREMIÈRE ANNÉE

1882

ANNUAIRE

ADMINISTRATIF, COMMERCIAL & HISTORIQUE

DE LA VILLE DU MANS

ET

DU DÉPARTEMENT DE LA SARTHE

CONTENANT

Outre les renseignements donnés par les publications
de ce genre

La Carte du département en trois couleurs
avec les Tracés des Chemins de fer et Tramways, les prix des places
des Chemins de fer et Tramways au départ du Mans,

un Tableau comparatif des Élections sénatoriales, législatives,
départementales et d'arrondissement,

la Liste des Électeurs aux Tribunaux de commerce,

des Notices sur les différentes Sociétés musicales, de Secours mutuels
et les Cercles du département de la Sarthe,

les Usages locaux du deuxième canton du Mans,

les Listes des Commerçants du Mans et du Département.

LE MANS. — IMPRIMERIE E. LEBRAULT 4, RUE AUVRAY